讲给孩子们听的潮汕故事
系列丛书

潮汕红色故事

李岱玲　主编

SPM
南方传媒　广东人民出版社
·广州·

图书在版编目（CIP）数据

潮汕红色故事 / 李岱玲主编. -- 广州 : 广东人民
出版社, 2025. 6. -- ISBN 978-7-218-18543-9

Ⅰ. D642-49

中国国家版本馆CIP数据核字第2025JH4970号

CHAOSHAN HONGSE GUSHI

潮 汕 红 色 故 事

李岱玲　主编

出 版 人：肖风华

策　　划：李　敏
责任编辑：李　敏　温玲玲
装帧设计：仙　境　刘焕文
责任技编：吴彦斌　马　健

出版发行：广东人民出版社
地　　址：广州市越秀区大沙头四马路10号（邮政编码：510199）
电　　话：（020）85716809（总编室）
传　　真：（020）83289585
网　　址：https://www.gdpph.com
印　　刷：珠海市豪迈实业有限公司
开　　本：787毫米×1092毫米　1/16
印　　张：5.875　　字　　数：70千
版　　次：2025年6月第1版
印　　次：2025年6月第1次印刷
定　　价：45.00元

如发现印装质量问题，影响阅读，请与出版社（020-85716849）联系调换。
售书热线：（020）87716172

《潮汕红色故事》
编委会

主　　　编：李岱玲

副　主　编：陈春嬿　张燕贤　陈　瑶

主要编写人员：姚　昕　纪一欣　陈燕如　谢银珍　潘佳纯

　　　　　　　蔡汝铭　池　妍　雷　云　林珊娜　黄子容

　　　　　　　张　晓　杜艺康　黄恩琳　卢桂红　张　杨

　　　　　　　黄　琼　黄若妮　谢墁镛

指 导 单 位：中共汕头市委党史研究室（汕头市地方志办公室）

　　　　　　　潮汕历史文化研究中心

◎── 序 ──

　　小朋友们，摆在你们面前的这本《潮汕红色故事》，是汕头市龙湖区教师发展中心组织老师们编写的。这些故事从侧面反映了潮汕地区广大人民群众在中国共产党的领导下进行艰苦卓绝的革命斗争的历史。

　　潮汕党史，是一部可歌可泣的革命史诗。1919年5月6日，汕头的《公言日报》刊登了北京爆发五四运动的消息，潮汕的热血青年便给予了支持和响应，积极投入到轰轰烈烈的反帝爱国运动中。1925年，周恩来先后以黄埔军校政治部主任和东征军总政治部主任身份，参与领导两次东征，来到潮汕，并担任东江各署行政委员。在周恩来的领导和感召下，潮汕工农群众纷纷觉醒，组织起工会、农会。1927年9月下旬，周恩来亲率南昌起义军南下潮汕，其主力军攻下潮州、汕头后，建立了"潮汕七日红"政权；而朱德率领的部分南昌起义军，则在三河坝与敌决战后转战湘南，与毛泽东领导的秋收起义部队会师后进军井冈山，建立了井冈山革命根据地。南昌起义军在揭阳汾水失利后，部分人员转移到海陆丰，为创建海陆丰革命根据地和大南山革命根据地作出了贡献。周恩来还亲自主持并建立了从上海党中央经汕头到中央苏区的红色交通线，为中央苏区输送物资、信息和资金，护送干部到井冈山，成为中央苏区的生命线之一。

潮汕党史上的许多重要事件，都与中共党史的重大事件有关。周恩来在潮汕的革命活动，不仅是周恩来人生道路上的重要篇章，也对我党、我军、我国的革命和建设事业产生了重大影响。追根溯源，我们的党、国家和军队建设中的许多重要问题，都与周恩来在潮汕地区的革命实践有着某种联系。我们要珍惜这段历史，学习这段历史，记住这段历史。

小朋友们，你们是无产阶级革命事业的接班人，是早晨八九点钟的太阳。中华民族的伟大复兴、泱泱中华自立于世界民族之林的重任，压在你们的肩上；无数革命先驱流血牺牲换来的革命成果，要靠你们去捍卫；革命先烈们的革命精神，要靠你们去发扬光大；中国共产党人的精神境界和鲜明的政治品格，要靠你们去弘扬。希望你们在阅读每个革命故事时，认真思考革命先辈们为什么能够树立如此坚定的革命信念、锤炼出如此坚强的革命意志。把他们舍生取义的革命精神，化作自己的理想和信念，培养高尚的革命情操；把他们义无反顾的革命意志，化作自己前进的动力，培养坚强的革命毅力，勤奋学习新知识、新科技，为振兴中华献策出力；把他们舍己为人的革命精神，化作自己人生的最高价值，涵养尊老敬贤、助人为乐的精神境界，继承中华优秀传统文化，弘扬社会主义核心价值观，为人民过上幸福生活而奋斗终身！

陈汉初

2022年8月19日

目录

鸿沟"好男儿"——林灿 01

忠心爱国留英名——周礼平 06

潮汕红孩儿——汕头青年抗敌同志会少工队 10

松柏长青，涛声依旧——爱国华侨郑松涛 15

英雄连长坚守孤岛——陈永宸 19

上阵父子兵，渔家真英雄——柯仰兴、柯振成 23

小渡船，大使命——大衙渡口 27

一件布满弹孔的羊毛背心的故事 32

潮州女英雄黄秋富 36

灰色书店暗联络，悠悠扬琴振人心 40

革命母亲李梨英 45

英雄之光，灿若星辰 49

一颗鲜红的流星——柯国泰 53

护送周恩来等领导人脱险记 57

"石司令"翁千 62

来揭传播共产主义第一人——杨嗣震 67

从战火中走出来的红色方家四姐妹 72

巾帼不让须眉——许玉磬 77

中共惠来地方党组织第一人 82

鸿沟"好男儿"——林灿

> 老师，听老一辈革命家说，在革命战争年代，很多地下党员被发现后遭到了杀害，国民党反动派真是凶残。

> 轰轰烈烈的大革命失败后，在澄海县一个不起眼的小乡村里有一位英勇不屈的党的好干部。我们来听听他的故事。

★ 红色名片 ★

烈士林灿

人物：

鸿沟"好男儿"——林灿

生卒年：

1905年—1942年

红色基因：

爱国，勇敢，坚强不屈

1927年4月10日，澄海县的国民党右派分子带领反动武装向共产党人和国民党左派发动突然袭击。第一次国共合作破裂，轰轰烈烈的大革命失败了。在革命处于低潮时，中国共产党如何继续开展革命斗争呢？鸿沟乡好男儿林灿的革命经历为我们解开了疑惑。

在汕头的美丽乡村澄海县鸿沟乡，人民的心中记着革命先烈林灿抛头颅、洒热血的感人故事，这一抹历久弥坚的红色记忆将永远流传。

一　从小立志，播下爱国种子

林灿，原名林长开，字建南，1905年出生于澄海县鸿沟乡半埔社一个农民家庭。小学毕业后，林灿考进澄海中学，在革命人士杜国庠校长和李春蕃老师的指引下，走上了革命道路。1925年，林灿加入共青团，任澄海县学联主席。同年12月，林灿加入中国共产党，1926年11月任中共澄海县部委书记。

老师，在一个如此不起眼的小乡村组织革命活动，真是太惊险了！这小乡村有什么地理优势呢？

鸿沟乡的地理条件可谓是得天独厚。我们快来看看下面的资料卡，了解一下吧。

资料卡

鸿沟乡背靠莲花山，面临南海，地处潮澄饶边界地区，是国民党统治相对薄弱的地区。这里既能通行海上的船，接纳外来的革命力量，又可策应莲花山游击队的革命武装斗争，陆海两方进退有据，有利于信息互通和革命力量的潜伏与壮大。

二　秘密开展地下革命活动

林灿和他的革命伴侣吴文兰积极团结贫苦农民，培养革命力量，在自己的家乡鸿沟乡建立了革命据点。

林灿旧居（李永东　供图）

1927年4月10日，澄海县的国民党右派分子向共产党发动突然袭击，拘捕县部委成员和县农会领导人等24人。11日晚，林灿到澄海中学部署应对事变工作。当同志们正在阁楼里秘密开会，谋划发展地下党员、建立地下民兵组织等事宜时，外面突然传来一阵凌乱的脚步声和嘈杂声："快，搜查！一个也不能放过！"只听见林灿镇定地说："大家别慌，保护好革命同志！

林灿旧居（谢银珍　供图）

听从安排，有序撤退！"他不慌不忙地指挥同志们撤退。有的同志迅速从暗门来到后院，再翻过围墙向莲花山撤退；有的同志通过停靠在发合港的浅海帆船往海山等地避风头。林灿还特别吩咐同志们把武装枪支、刻印机等藏在与他家相通的旁边小屋里。这时，敌人已踢掉门板，冲了进来。林灿因撤退不及而被捕。后经党组织利用关系，多方营救，才得以出狱。

1930年冬，出狱后的林灿潜回家乡，在自家祖屋、杉厂等据点开展地下革命活动，发展地下党员，建立民兵组织，参加革命活动的同志少则二三十人，多时达六七十人。为避人耳目，他们白天分散在田间、杉棚或发合寮等处，正常工作，夜间才集中开展革命活动。

党的革命领导人叶剑英同志就是先从上海辗转到香港，再取道汕头、澄海——林灿家乡鸿沟的秘密据点，在林灿的祖屋住了一宿，之后安全到达中央苏区的。

三 壮烈牺牲时仍牢记使命

鸿沟乡如火如荼的革命活动引起国民党反动派的恐慌。1931年后，鸿沟乡有7位同志被捕，林灿被通缉，情况紧急，他不得已借道香港流亡泰国。1937年，林灿回国参加抗日战争，任新四军第三师参谋，后在华东作战中英勇牺牲。牺牲前，身边的同志问他家乡的地址和亲人，他平静而坚定地说："共产党是我的亲人，中国就是我的家。"

岁月流逝，革命先烈林灿用自己的行动谱写了光辉的一生，他那份红色基因将永远厚植于人民心中。革命事业需要薪火相传，我们要让革命先烈的事迹和精神代代相传，做到"不忘初心，牢记使命"！

林灿故居（谢银珍 供图）

探究活动　　同学们，你们一定被鸿沟"好男儿"林灿爱国、勇敢、不怕牺牲的精神所感动！不妨和爸爸妈妈利用节假日一起到林灿旧居走一走、看一看，谈谈收获和启发吧！

撰稿：汕头市龙湖区新溪中心小学　谢银珍
绘图：汕头市龙湖区新溪中心小学　李永东、谢银珍

【参考资料】　[1]《鸿沟志》(续编一)，广东人民出版社，2005。
　　　　　　　[2]《中共澄海简史》，中共澄海县委党史办印发，1991。

忠心爱国留英名——周礼平

> 老师，听说我们汕头有很多抗日英雄，您能跟我们讲讲吗？

> 是的，为了保卫家乡，保卫祖国，他们奋起抗日，有的甚至年纪轻轻就牺牲了。今天，老师要讲讲周礼平的故事。

★ 红色名片 ★

周礼平

人物：

周礼平

生卒年：

1915年7月—1945年8月

红色基因：

英勇抗日，忠心救国

2014年9月，民政部公布了300名著名抗日英烈名录，曾任广东人民抗日游击总队韩江纵队第一支队支队长兼政委的周礼平，名列其中。

1915年7月，周礼平出生在广东省澄海县樟林乡东社村一个普通的农民家庭。

一 小小年纪 有大志向

8岁时，周礼平在私塾读书。课余，同学们喜欢打野战，他们一队攻，一队守，各自画地为营，只要攻进对方营盘就算赢。周礼平总会采取"两翼包抄""诱敌深入"等妙招，带领小伙伴取得胜利。他的作战本领，从小就显现出来了。

周礼平与老师对对子
（卢燕卿 供图）

周礼平从小酷爱看书，熟读了大量书籍，这是他日后创作抗日歌谣的文化基础。周礼平还擅长对对子。有一次，老师出了上联"遍地黄巾何日息"，句中的"黄巾"引用了东汉末年张角领导农民起义的故事；周礼平对的是"乡村大众树红旗"。这个句子，切合当时樟林周围乡村农民运动的形势。周礼平的对子，从思想认识上是与老师"作对"。可见，少年周礼平心中有远大的志向。

> " 小朋友们，周礼平烈士还会写歌谣呢！一起看看资料卡吧！ "

周礼平是一个民间诗人。在抗日斗争时期，周礼平用潮汕方言创作了大量抗日歌谣，这些歌谣读起来朗朗上口、妙趣横生，易于传唱，方便传播革命思想，激发起广大人民群众反侵略反压迫的爱国热情，并化为保卫家园的决心和行动。

二 投身抗日 领导有方

1937年3月，周礼平加入中国共产党。

周礼平组织铁路工人讨论罢工运动（卢燕卿 供图）

抗日战争全面爆发后，周礼平负责潮汕铁路工运工作，发动潮汕铁路工人进行罢工斗争，这是潮汕党组织恢复活动后领导的一次非常成功的工人运动。

1938年，周礼平任中共樟东区委书记并回到家乡秘密开展工作。他用教师的身份作掩护，在教书过程中积极宣传"读书为了救国，救国必须读书"的理念，为党组织的发展和革命活动的开展打下了基础。

日本侵略者占领汕头后，他领导和指挥敌后武装斗争，成功领导了奇袭彩塘日伪警察署、智取东凤警察所、伏击日伪密侦队队长方顺等战斗，战果辉煌！

三 英勇对敌 壮烈牺牲

1945年8月17日，周礼平率领的大队在潮安和揭阳交界的山地居西溜遭到国民党军队包围。发现敌情后，周礼平首先安排后勤人员和伤病员撤退，而他自己却带领第三中队主力冲上山头。那时，敌人已抢占了主峰，居高临下，炮火向战士们直压了过来，山下黑压压的敌人也在不断逼近。在危险关头，周礼平高呼："同志们，敌人冲上来了，狠狠地打。生命可以牺牲，山头不可失……"话还没有说完，一颗子弹便射中他的前额，从后脑勺穿出，血如喷泉般涌出来。周礼平就这样英勇牺牲了，年仅30岁。

周礼平在潮汕的抗日斗争中作出了巨大贡献，他忠心爱国，永远值得我们缅怀！

探究活动 同学们，你知道周礼平创作了哪些抗日歌谣吗？课后与爸爸妈妈一起搜集抗日歌谣，读一读，再把它读给大家听，并说说自己的体会吧！

撰稿：汕头市龙湖区新溪中心小学 卢桂红
插图：汕头市龙湖区新溪中心小学 卢燕卿

【参考资料】 [1] 王国梁：《忠魂：周礼平和他的战士们》，汕头大学出版社，2005。
[2] 陈柔燕：《抗日救亡 忠魂为国》，《汕头日报》2021年4月4日。

潮汕红孩儿——汕头青年抗敌同志会少工队

> 老师，听爷爷奶奶说，日军侵略汕头时，敌人特别残忍。

> 是的，当时有一群和你们差不多大的小朋友却勇敢地站了出来。我们来听听他们的故事。

★ 红色名片 ★

人物：

汕头青年抗敌同志会少工队

少工队在操练（秦梓高 供图）

存在时间：

1937年—1940年

红色基因：

人小志大，爱国，勇敢

　　1937年9月，汕头遭到日军的狂轰滥炸，人民流离失所。在抗日救亡斗争中，潮汕地区的党组织面临着"如何壮大党的力量，号召和领导更多人民抵抗日军侵略"这一伟大历史使命。

20世纪30年代，有一群潮汕红孩儿，组建起一支出色的抗战文艺宣传队，成为潮汕抗日战争中不可忽略的一抹红色记忆。

一　红孩儿的"魔力"

十岁左右的潮汕红孩儿有着"大魔力"。1937年底，汕头青年抗敌同志会少工队的会址设在当时的汕头市第七小学。在这里，活泼的队员们学文化、学唱歌、学演戏，受到了良好的培训。爱国歌曲他们张口就来，抗日戏剧也演得有模有样，激动人心。

学校里的另一个少年儿童组织"汕头市儿童抗敌后援会"也被吸引了过来。这里的小会员，都是在学或失学的小学生，他们看到少工队，打心眼里羡慕，便陆续加入其中。

少工队团结同龄人，壮大队伍，他们常收到各地少年、儿童的来信，希望少工队前去指导。潮汕红孩儿的"魔力"让队伍不断壮大。

> 老师，小朋友们在炮火之下演出，真是太厉害了！这些剧目都是哪来的？

> 这些剧目可是大有来头，《打鬼子》便是吴南生爷爷所写。同学们，快来看看下面的资料卡，了解一下潮汕话剧运动吧！

资料卡

抗战期间，潮汕话剧运动发展得如火如荼，积极参与的有揭阳青抗会、金山中学话剧社、南侨中学、韩山师范学校等。热血青年团结在中国共产党的周围，投身于抗日爱国救亡运动中。他们纷纷走上街头，演出《小黑子》《泪痕》《邓三》《放下你的鞭子》《亲与仇》《回家以后》等剧目，在鼓舞广大人民群众抗日斗志方面起到一定的作用，在潮汕话剧运动史上写下了光辉的一页。

二 红孩儿吹响红色号角

朝霞初显，潮汕红孩儿们扛着旗，唱起抗日歌曲，开始一天的募捐演出。

街头剧《放下你的鞭子》催人泪下。当看到在这个剧目中扮演青工的小演员夺下老父的皮鞭，当听到扮演老父和香姐的小队员声泪俱下，诉说家乡沦陷的辛酸时，老百姓高呼"打倒日本帝国主义"。队员们熟稔地演起抗日潮剧《打鬼子》，亲切的乡音演绎着卖油炸粿的小孩受日本兵欺凌殴打。观众们看到小演员们的生动演绎，抗日救国情绪高涨，纷纷解囊捐助前线。

潮汕红孩儿用艺术表演在群众中吹响抗日号角。

三 红孩儿不忘红色使命

1939年6月21日，汕头沦陷，少工队服从党组织安排撤离汕头，改名为"儿童流亡剧团"，收留在战乱中走散的孩子。少工队虽然生活艰

少工队撤离汕头途中（陈丹彤 供图）

苦，吃白粥和青菜，但却互相鼓励："坚持走下去，咱们要经得起考验。"队长拿出珍贵的订婚金戒指，说："拿去村里换点大米，来给大伙儿充饥吧。"村民们拿出食物，对衣衫褴褛却士气高昂的小队员们说："孩子，拿着路上吃吧。"

小队员们唱一路歌，演一路戏，上台是演出队，下台是工作队。路过农田，他们帮助农民干农活；奔赴前线，他们读报、讲时事，教战士唱抗战歌曲；到野战医院，他们为伤病员清洗衣服。

战火纷飞中，这群潮汕红孩儿在战火的磨砺中践行红色使命，在饥饿和苦难中锻炼并迅速成长为年轻的共产党员，成为潮汕党组织新的红色后备力量。

探究活动　　　同学们，你们一定被红孩儿们勇敢、爱国的精神所感动吧！不妨和爸爸妈妈一起找找抗日潮剧看一看，谈谈收获和启发。

撰稿：汕头市龙湖区金阳小学　姚昕、张燕贤
插图：汕头市龙湖区金阳小学　陈丹彤

【参考资料】　[1] 广东文史资料研究委员会：《广东文史资料》第五十一辑，广东人民出版社，1987。
[2] 中共汕头市党史研究室：《中共潮汕地方史》，中共党史出版社，1998。
[3] 洪悦浩：《潮汕抗战记忆》，中国文联出版社，2016。
[4] 《我有话说：93岁吴南生追忆潮汕、延安抗战岁月》，《南方日报》2015年5月12日。
[5] 秦梓高：《抗战初期的"汕青抗少工队"》，《潮商》2015年第5期。

松柏长青，涛声依旧——爱国华侨郑松涛

> 老师，我知道汕头是著名的侨乡，出过很多华侨名人。

> 你懂得真多！在抗日战争时期，有很多爱国华侨为抗日战争作出了巨大贡献。今天，让我们走近爱国华侨郑松涛，了解他的红色故事吧！

★ 红色名片 ★

烈士郑松涛

人物：

郑松涛

生卒年：

1918年—1940年

红色基因：

心系家国，忠勇无私

抗日战争期间，日寇在潮汕大地肆虐，勇敢的潮汕人民奋起反抗，其中就包括一个特殊的群体——爱国华侨。本文主人公郑松涛就是一位爱国华侨。

郑松涛，1918年出生于澄海县上中区冠山乡（今上华镇），1930年过继给他在泰国的大伯父，并在那里读书。卢沟桥事变后，他满怀救国之志，返回家乡潮汕地区开展抗日活动。

郑松涛的祖父是旅居泰国的华侨，受祖父辈的影响，他小小的心灵早早就埋下爱国的种子。早在上学期间，郑松涛便积极参加爱国抗日组织的活动。即便在工作遭受挫折时，他赤诚的爱国心也没有动摇，他服从组织安排，前往澄海战工队，以一名普通队员的身份，活跃在抗日宣传第一线。

老师，什么是战工队呀？

战工队又称武工队。阅读下面的资料卡，你会对它有进一步的了解。

资料卡

武工队是抗日战争时期在中国共产党的领导下，在日、伪军占领区开展军事、政治、经济、文化斗争的一种精干、灵活的武装小分队。其主要任务是在日、伪军占领区宣传、组织与武装群众成立秘密的人民政权，采用文武相配合的手段，打击和瓦解日、伪军，使敌占区逐步变为抗日根据地，以配合各抗日根据地军民开展对敌斗争。

1940年4月27日凌晨3时许，日、伪军300余人突袭澄海县战工队驻地。郑松涛发现事态不妙，马上组织、协助队友翻墙转移。

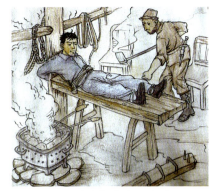

敌人对郑松涛施以酷刑
（张婉婷 供图）

他蹲下身子，让队友轮番踩在自己的肩上，往上一顶，把队友一个个送出墙外。正当协助完队友安全撤离、自己准备翻墙时，郑松涛突然发现还有4名女队员躲在角落里。已经半个身子探出墙外的郑松涛毫不犹豫地跃墙而下，再一次做起了"人梯"。日寇的脚步声、呵斥声和狼狗的吠声越来越近……最终，他与4名女队员都不幸被捕。

为了撬开郑松涛的嘴，敌人软硬兼施。先是向他献上金钱、美女，花言巧语地诱惑郑松涛，但郑松涛丝毫不把这些诱惑放在眼里。于是，敌人露出了凶残的真面目，开始对他进行惨无人道的折磨。从5月4日到5月6日的3天内，郑松涛承受了抽皮鞭、烙铁烙、坐老虎凳等酷刑，然而这些都无法击垮他——一个坚定的共产党员的意志。

面对敌人，向来斯文有礼的他怒目圆睁，不但没有透露队员和组织的任何信息，还怒斥侵略者和他们的走狗。郑松涛顽强不屈的精神彻底激怒了敌人，他们剥光了他的衣服，牵来凶恶的狼狗威胁他。经过特殊训练的狼狗龇着牙、咧着嘴，不停地淌着口水，还时不时冲郑松涛抬起前爪，发出凶狠的吼声，随时准备攻击。敌人得意地问："日本好，还是中国好？'和平建设'好，还是抗日建国好？"不管敌人问多少次，郑松涛都只有一个回答："中国好！抗日建国好！"敌人的语气越来越愤怒，郑松涛每回答一次，冷血的敌人都命令狼狗撕下他身上的一块肉。一块块鲜血淋漓的肉被硬生生扯下，一阵阵钻心的剧痛让郑松涛青筋暴突、冷汗直冒，但他始终没有向日寇屈服。

6月6日，无计可施的日本侵略者强行把郑松涛押至庵埠赐茶渡亭附近，极其残忍地将他斩首并碎尸八段以泄恨。郑松涛的生命永远定格在22岁。许多党内人士知道这个消息后都悲痛不已。

郑松涛虽然牺牲了，但他的爱国精神像松柏一样坚毅长青，如涛声一般久久回响。同学们，我们之所以能够生活在今天和平的中国，离不开万千"郑松涛"的牺牲！让我们牢记历史，缅怀英烈，传承爱国精神！

探究活动 同学们，在特殊时期，像郑松涛一样不怕牺牲的爱国华侨还有很多，让我们一起收集并阅读其他爱国华侨的事迹，感受他们身上的家国情怀吧！

撰稿：汕头市龙湖区金阳小学 纪一欣
插图：汕头市龙湖区金阳小学 张婉婷

【参考资料】 洪悦浩：《潮汕抗战记忆》，中国文联出版社，2016。

英雄连长坚守孤岛——陈永宸

"
老师，我去过南澳岛，那里风景特别优美！
"

"
　　美丽的南澳岛在抗日战争时期曾经遭受过日军的侵略。那里发生了什么故事？我们一起去看看吧。
"

★ 红色名片 ★

人物：

陈永宸

生卒年：

1907年—1938年

红色基因：

英勇无畏，赤心报国

南澳抗日殉难者纪念碑
（陈瑶 供图）

　　1938年6月中旬，日寇突袭南澳岛，南澳沦陷。历经20多天的浴血奋战，守岛军队和民众抗日自卫队夺回南澳县城。日寇恼羞成怒，派遣大量兵力发起疯狂反扑。面对敌强我弱的困境，战士们誓死守卫自己的家园……

风不吹了，草不摇了，战士们屏住了呼吸，周围只听到夏蝉在纵情歌唱。突然，草丛里传来了不和谐的音符——"唰啦……唰啦……"

"连长！有敌人来了！"趴伏在洞口的小战士压低声音急促地说。"做好准备，开枪！"守军二连连长陈永宸一声惊雷大吼，又一次战斗开始了。

一　突破敌人的毒计封锁

1938年7月24日，日军大举进攻南澳岛。由于此时敌强我弱，而连长陈永宸是南澳人，对地形十分熟悉，他带领十几名战士埋伏在洞穴中。

战士们埋伏在洞穴中（周雪丽 供图）

敌人发现后，心生毒计，在洞口点火，企图以浓烟和毒气熏死守军官兵。陈永宸怒气横生，郑重地说："弟兄们，与其躲在洞内被熏死，不如冲出去杀他个出其不意，再作转移。就算牺牲了也是为国尽忠，你们说呢？"战士们异口同声地喊道："连长，听你的！我们跟敌人拼了！"

一时间硝烟四起，战士们咬牙拼死抵抗。又一轮袭击过后，我军仅剩六七人，大家准备集中火力拼死一搏。但在那时，战士们已有两天米水未进，筋疲力竭。

 二 大尖山痛打敌军

面对凶神恶煞的敌军，陈永宸深知突围没有希望，他心意已决，坚定地对战士们说："弟兄们，为了能多杀几个敌人，我们一起引敌人上山，再居高临下地痛打他们！"

"好！"洪亮的声音在洞穴中回荡。

他们爬出洞穴，艰难攀登，终于爬上了巍巍高耸的大尖山。陈永宸命部下在石堆上插上旗帜吸引敌军注意。果然不出所料，敌人发现山顶的旗帜后，集结近百人进攻峰顶。

当敌人气喘吁吁地爬向大尖山峰顶时，大大小小的石头，似雨点般砸下来。敌人有的被砸死，有的被碰伤。但敌人仍像恶狼般蜂拥而上，一颗颗手榴弹又在他们中间炸开，顿时火花四溅。望着敌人狼狈逃窜的模样，一股豪情壮志涌向战士们心头。

突然，"嗖"的一声，一颗子弹正中在岩石上指挥战斗的陈永宸，但他仍手执枪杆，稳坐不动。一个战士赶忙上去为他包扎，却发现他早已没了气息，正要收他的枪，竟然拿不动！这个战士哽咽着说："连长，你已经为国牺牲了！"他才倒了下去，壮烈牺牲，年仅31岁。

此次战役伤亡惨重，陈永宸及其部下凭借一腔爱国热情与敌寇激战的英勇事迹，充分体现了中国军民不可欺辱的爱国主义精神。

老师，这些战士叔叔可真勇敢！他们真是英雄！

是啊，当时还有很多跟陈永宸叔叔一样为了我们的国家付出了自己生命的战士，我们一起来看看他们都是谁吧。

资料卡

南澳抗战期间，面对数倍于己方的侵略军，勇敢的战士们顽强抗击，战至弹尽粮绝，涌现出许多可歌可泣的英雄人物。如：陈标在后江港击毙日军一头目后英勇牺牲，杨俊清在内埔山光荣成仁，吴承锦在日舰上英勇就义，李居甲夜渡死拼，陈序明南海洒血，15岁的勤务兵刘南茂拉响手榴弹，与日军同归于尽。这些英勇的战士们以身殉国，沉重打击了日军的侵略行为。

探究活动　　同学们，你们一定被陈永宸等抗日战士们为国献身的英勇精神深深震撼了！请你把这个故事讲给你的爸爸妈妈听，再试着去了解其他抗日战士们的爱国事迹吧。

撰稿：汕头市龙湖区锦泰小学　潘佳纯　雷云
插图：汕头市龙湖区锦泰小学　周雪丽
　　　汕头市龙湖区教师发展中心　陈瑶

【参考资料】[1]柯伟煌主编：《南澳岛故事》系列丛书，岭南美术出版社，2011。
[2]林俊聪：《南澳抗日血战七壮士》，《广东党史》2005年第5期。
[3]李鉴：《孤岛血战历险记》，《广东党史》1995年第4期。
[4]林俊聪：《南澳血战：广东抗日第一仗》，《广东史志》2015年第4期。
[5]蒋松华：《粤东抗日义勇军血战南澳岛》，《军事历史》1991年第5期。

上阵父子兵，渔家真英雄——柯仰兴、柯振成

> 老师，海岛上要怎么打仗呢？这么危险，咱们能打赢吗？

> 咱们人民的智慧可是无穷无尽的，跟着老师一起读一读下面这个故事，你就能知道答案了。

★ 红色名片 ★

民兵宣誓
（南澳县海防史博物馆 供图）

人物：

柯仰兴、柯振成父子

年代：

1952年9月—1952年10月

红色基因：

渔家英雄，为民捐躯

　　1952年9月20日，已盘踞台湾的国民党当局派遣军舰登陆南澎岛，岛上400余名渔民被扣押。敌人还利用南澎岛的地形优势，不断袭击来往的渔船。我军决定组织兵力，对抗这支穷凶极恶的敌军。

一 父子英雄齐上阵

1952年10月19日，南澳县云澳镇澳前村的内青山旁，军民们的宣誓声响彻云霄。两个小时后，这支人民解放军作战部队将从南澳岛驾船出发，收复被敌军占领的南澎岛。

军民集结，准备出发
（南澳县海防史博物馆 供图）

人们常说："打虎亲兄弟，上阵父子兵。"看！那一对衣着朴素的渔家父子目光如炬，双拳紧握，他们恨不得插上翅膀，立刻飞到南澎岛，救下受困的渔民兄弟。

故事还得从10月初说起。当时，解放军指战员在柯家父子所在的渔村借住，柯仰兴的两个儿子听说部队准备登上南澎岛，就马上报名参战。组织上最终决定让小儿子柯振成加入队伍。

到了出征这天，指战员收到急报，有位船工生病了，急需一位熟悉地形的船工来顶替他。那时，柯仰兴刚好出海回来，他主动找指挥部负责人说："战斗就要打响，让我这个老船工去吧！"

老师，敌人为什么要侵占南澎岛呢？

这就跟南澎岛的地理位置有关了，我们一起读一读下面的资料卡，来了解一下南澎岛吧！

资料卡

南澎岛，位于南澳县东南方向，海拔68.8米，是南澎列岛的最高岛。这座小海岛的面积只有0.362平方千米，在地图上甚至都看不清楚。不过，它地形复杂，易守难攻，在军事上有着至关重要的战略地位。

二 奋勇争先为杀敌

夜晚九时左右，柯振成所在的冲锋船一马当先，最先到达指定地点夹坑口。糟糕，船突然撞到暗礁，无法靠岸了！这可怎么办？紧跟在后面的柯仰兴见此情景，凭借

乘风破浪的冲锋船（黄俊梅 供图）

多年的经验，驾船迅速绕开礁石，径直冲进夹坑内。他的船成为登陆夹坑的第一艘船！但是，敌人很快便发现了这个"不速之客"，开始向冲锋船疯狂开火。爆炸声接连响起，船上的人一个挨一个地倒在血泊中。"大家冲啊！"柯仰兴视死如归，冒着枪林弹雨，义无反顾地驾驶着冲锋船继续前进。无论敌人的枪口如何咆哮，他面无惧色，始终没有离开操舵位一步。"嗖！"一颗子弹射中了他的右手，血流如注，右手已经无法

再按舵板。"我绝不能放弃！"一股强大的信念支撑着柯仰兴。他卧倒身子，用左手抓住大绳，用右脚代替右手按紧舵板，强忍着剧痛继续驾船。"轰！"一枚手榴弹落在了他的身边！柯仰兴瞬间被炸飞，鲜血染红了海面。而柯振成也和他的英雄父亲一样，被敌人的手榴弹击中，献出了宝贵的生命……

烈士安息之地（黄俊梅 供图）

英雄的牺牲更坚定了大家歼敌的决心，军民团结一致，与敌人激战到底，最终收复了南澎岛。

这对渔家父子的英名刻在了南澳后江畔收复南澎战斗烈士纪念碑上，他们将永远和这片热土在一起，以最光荣的方式镌刻在这座海岛的记忆里……

探究活动　　　同学们，原来南澳岛附近竟有过一场如此激烈的战争。有时间的话，我们可以跟家人一起到南澳岛看一看，找到这块收复南澎战斗烈士纪念碑，去缅怀这些真正的英雄。

撰稿：汕头市龙湖区锦泰小学　蔡汝铭　池妍
插图：汕头市龙湖区锦泰小学　黄俊梅

【参考资料】　[1]林俊聪：《渔家父子皆英雄》，《源流》2002年第11期。
　　　　　　　[2]林俊聪：《60年前收复南澎岛恶战纪实》，《红广角》2012年第10期。
　　　　　　　[3]柯伟煌主编：《南澳岛故事》系列丛书，岭南美术出版社，2011。

小渡船，大使命——大衙渡口

> 老师，听说这里是红色打卡点。一艘小小的渡船会有什么红色经历呢？

> 别急，让我们慢慢走近大衙渡口，一起回忆回忆当时的革命故事吧。相信你能解开心中的疑惑。

★ 红色名片 ★

大衙渡口标志 (陈燕如 供图)

　　韩江边的美丽乡村——大衕，地处外砂河、新津河和梅溪河交界处，大衕渡口则位于村庄西面庙头洲，通过渡口可直达外海、内河乃至各村庄，四通八达，是当时水路交通枢纽。得天独厚的地理位置为中共地下工作者开展游击活动提供了有利的条件。

　　老师，大衕村地理位置有利于革命工作，其实也是相当危险的，真的挺佩服那里的村民。

　　是的，有一句话说得好——最危险的地方的人也是最勇敢的。让我们一起来了解它的独到之处吧。

渡船雕塑（陈燕如 供图）

大衕渡口（陈燕如 供图）

　　当地的老人侃侃而谈：当时很多热心革命的人，白天以种地、做生意为掩护，晚上就成了机智勇敢的游击队员。只要是革命的事情，大衕民众无不倾其所有，投身其中。这不得不提到"大舍娘"①沈楚湘了。

　　1940年，许杰担任中共冠山②支部书记，与对岸大衕村沈楚湘取得联系，利用她家的大夫第③建立革命掩护点，代号"总统府"。从大革命时期到土地革命战争时期，她家曾作为中共地下交通站和秘密联络点。抗战中后期至解放战争期间，沈楚湘千方百计为中共地下组织提供宿营地、粮食、情报、渡船，帮忙放哨送信，配合武装队伍进行活动，是众多革命堡垒户中的杰出代表。

沈楚湘出生于潮安县富户人家，嫁与大衙村殷户"添盛"号大舍蔡华安为妻，人称"大舍娘"。她知书达理，接受过新潮思想，支持抗日活动，同情共产党的革命。她家境殷实，家中两座大夫第的防备森严，且坐落于潮安、澄海、汕头三地交界处的大衙村，水陆交通方便，方便她从事革命活动，她为革命作出了不少贡献。

星星之火，可以燎原。大衙渡口的渡船，以纤小的身躯和民众一起扛起了革命的重担，书写了许多可歌可泣的故事。

1945年8月上旬，我敌后游击队从内线获悉，日、伪侦缉队队长方顺将于某日前往庵埠日军宪兵司令部，游击队决定在大衙渡口伏击。当天下午4时许，游击队派出武装小组成员吴元成、余兆麟等4人在大夫第完成准备工作后，埋伏于大衙堤顶。果不其然，方顺带着亲信杜侯等4个密侦队队员出现了，一个个贼眉鼠眼、慌慌张张。游击队武装小组确认后，决定先放他们过去，回来时再关门打狗。游击队员继续埋伏在大堤上，来回几轮渡后，方顺等日、伪侦缉队队员回来了。经确认后，游击队员潜入水中，朝渡船摸去。渡船在河中摇摇晃晃，乘着夕阳的余

渡口党旗雕塑（陈燕如 供图）

晖前行。突然，吴元成、余兆麟等4人冒出水面，叱其缴械。方顺等人大吃一惊，慌忙跳入水中，武装小组穷追不舍，一枪一个，将作恶多端的方顺等两贼击毙于水中，另外2人轻伤逃脱。"水中杀敌"这件事一传开，一时名扬潮、澄二县。

如今，渡口、老榕、纪念亭、党建雕塑与自然景观完美融合。渡船成了历史的见证，更是红色血脉的传承。新时代的中国，新时代的征程，让我们沿着红色足迹扬帆起航。

探究活动　　同学们，读完这个关于渡船的故事，你想到了什么呢？如果你想了解更多的红色故事，不妨去大衙渡口走一走，也去打打卡。回来后，你可以和同学们分享分享你的收获和想法！

知识链接··

① 大舍娘：大舍，读音dà shè，指大少爷、大公子。大舍娘，文中指蔡华安的妻子沈楚湘。

② 冠山：地名，今属澄海区澄华街道。

③ 大夫第：大夫为古代官职名，第是宅第。潮汕乡村中的旧宅，常见的有"进士第""翰林第"等，都是指有某种官职的人修建的住宅。

特别鸣谢沈汉潮老人口述，为本次撰稿提供帮助。

撰稿、插图：汕头市龙湖区新溪中心小学 陈燕如

【参考资料】[1]中共澄海县委党史办公室编印：《中共澄海简史：新民主主义革命时期》，1991。

[2]中共澄海县委党史办公室编印：《澄海党史资料》第19辑，1990。

[3]金利明编：《记住外砂：探索中国乡镇发展史》，广东旅游出版社，2019。

[4]林泽霖主编：《蓬沙文化》第5期，2021。

一件布满弹孔的羊毛背心的故事

★ 红色名片 ★

人物：

冯铿（冯岭梅）

生卒年：

1907年—1931年

红色基因：

"左联五烈士"中唯一女性

烈士冯岭梅

冯岭梅的羊毛背心

　　在上海虹口的中国左翼作家联盟会址纪念馆里，珍藏着一件布满弹孔的羊毛背心。它可不是靠着高超的技艺或繁琐的花色而被收进橱窗里的，相反，它的样式简单，颜色也早已褪得发灰。

> 这件背心上，竟然布满了大大小小近十个弹孔。

> 这件羊毛背心为什么变成这副惨状？它的主人是谁？当年遭受了什么呢？

　　清光绪三十三年（1907）十月初十，一个女孩出生在潮州一个书香之家，哥哥从唐朝诗人樊晃"四时不变江头草，十月先开岭上梅"的诗意中，替她取名——岭梅。在家庭氛围的熏陶下，冯岭梅从小就对文学产生了兴趣。

　　在腥风血雨的革命年代，冯岭梅在兄长的影响下，立志要当一名像秋瑾那样的女革命家，并逐渐展露文学才能和爱国斗争精神。15岁，她开始在潮汕地区最早的新文学团体"火焰社"的《火焰周刊》上发表诗作。18岁，她成为汕头友联中学"友中月刊社"的编辑部主任。20岁，她开始自编自导自演爱国话剧，还创作了不少散文、诗歌、小说等文学作品。

资料卡

　　年仅十七八岁的冯岭梅，便发表了《国庆日的纪念》《破坏与建设》《学生高尚的人格》等近十篇文章，深刻剖析国家混乱的原因。之后她创作并发表了诗集《春宵》、随笔《一团肉》、短篇小说《小阿强》《红的日记》等和中篇小说《重新起来》《最后的出路》等。

　　　　故乡清晨的鸟语里，碧波的倒影中，

　　在童年已给我撒下幻想的种子。

　　　　　　　——摘自冯岭梅17岁诗作《深意》

　　1929年元宵节，冯岭梅和恋人许峨（美勋）来到上海。5月，经共产党员杜国庠介绍，冯岭梅与许美勋一起加入中国共产党，投入党领导的地下革命斗争。那时地下工作危机四伏，繁华闹市里到处隐藏着国民党警察、便衣特务和外国租界巡捕，写标语、贴传单等工作困难重重。高度近视的冯岭梅在电线杆上书写标语时，几乎要把眼睛贴到电线杆上去，惹得替她望风的同志偷偷发笑。

作为一对革命情侣，冯岭梅和许美勋每天都担心和牵挂着彼此的安危。在重重危机中，他们携手同行，在进行革命活动的同时用心经营着两人的家庭生活。艰苦的生活条件下，冯岭梅仍精心为许美勋准备了一包糖果、两个罐头作为生日礼物，还利用乘电车的间隙编织毛衣。毛衣针在她手下飞舞着，渐渐变成了一件饱含爱意的羊毛背心。收到礼物的许美勋十分开心，因为疼爱岭梅，执意要求她自己穿上这件温暖的羊毛背心，抵御严寒。

1930年3月2日，中国左翼作家联盟（以下简称"左联"）在上海成立，冯铿和许美勋都参加了"左联"。在"左联"中，冯铿迅速成长，成为其中的活跃分子，还被派往"全国苏维埃中央筹备会宣传部"工作，领导人是中宣部负责同志李求实。

> 老师，'岭梅'的名字多好听呀，还是她哥哥引用诗句给起的，为什么要改呢？

> '铿'字代表了强硬和力量，这是冯铿对自己革命者身份的认同和展现。

1931年1月17日下午，冯铿在东方饭店开会时，因叛徒出卖而被捕。在狱中，敌人时而严刑拷打，时而厚禄利诱，冯铿这位"左联"女杰始终坚贞不屈。饥寒交迫的冬夜，那件用爱意编织的羊毛背心，给她带去了无限安慰。

1931年2月7日午夜，冯铿等24人被押往刑场。面对敌人的枪口，他们毫

24岁的冯铿英勇就义（常天君 供图）

无惧色地高喊着"中国革命成功万岁！""世界革命成功万岁！"密集的枪声接连响起，一个又一个英雄倒下，24岁的冯铿也身中多弹，壮烈牺牲。

1950年清明，人们在龙华革命烈士就义地附近挖掘清理出烈士的遗骸和遗物，一件布满弹孔的羊毛背心重见天日，被邀前往现场见证的许美勋一眼便认出那是冯铿编织的毛衣，他声音颤抖地说："这就是她，这就是他们。"

探究活动　　同学们，在潮州市红棉公园还展示了不少和冯铿一样的"左联"青年的生平事迹和代表作品，不妨和爸爸妈妈一起前往参观了解吧！

撰稿：汕头市龙湖区大悦小学　张晓　黄子容
插图：汕头市龙湖区大悦小学　常天君

【参考资料】 [1]詹谷丰：《冯铿：墙外桃花墙下血（非虚构）》，《作品》2021年第1期。
[2]吴振东、郭敬丹：《布满弹孔的羊毛背心》，《企业观察家》2021年第4期。
[3]许美勋、许其武：《潮汕女英烈》，汕头市妇联印，1990。

潮州女英雄黄秋富

★ 红色名片 ★

人物：

黄秋富

生卒年：

1918年—1933年

红色基因：

潮州黄秋富烈士

黄秋富烈士雕像

在革命年代，中华大地涌现了许多小英雄，他们年纪虽小，却表现出超越年龄的革命大无畏精神，比如家喻户晓的刘胡兰、王二小。在我们潮汕地区也有着这么一位小姑娘，这位潮州的小小女英雄又有怎样的故事呢？

1918年，黄秋富出生在潮安凤凰山的长埔美村。她自幼父母双亡，年仅14岁的她开始参加革命活动，经常来往于村落之间，送情报、贴标语、搞宣传、传播革命歌曲，是个勇敢的小战士。

一天早晨，黄秋富正在茶园里采茶。忽然，国民党军的大队人马从饶平方向走来。领头的看见她，喝问："做什么的？"黄秋富捻着茶叶，若无其事地说："采茶的。"敌军见是个手无寸铁的采茶女，便放松警惕，照常前进。

> 如此危急的情况，一定要尽早回去通风报信才好！

> 人马这么多，也目测不出确切数量，这可怎么办才好？同学们有什么好办法吗？

机智的秋富继续淡定地采茶，心里却暗暗计算。每十人经过，她便采下一个茶芽，又仿照着用一片茶叶当作一匹马，用一条茶枝代表一门炮……渐渐地算清了敌军的人马数量。敌军一走，秋富赶紧抄小道赶到浮凤区委报信。由于她的情报及时准确，红军做好充足准备，在狗头岭设下埋伏，打得敌人措手不及。

1933年农历十二月初一的晚上，黄秋富与中共浮凤区委委员黄来敬来到许宅村参加会议。突然，在门外放哨的儿童团员跑进来报告："国民党军来了！"黄秋富迅速将写有会议人员名单的纸片揉碎塞进嘴里吞下。就在这时，敌人冲了进来，抓住了他们。秋富一边反抗一边大喊大叫："为什么要抓我们？我们犯什么法呀？"黄来敬也明白她的意图，一起大声叫喊。

> 秋富他们已经被抓了,为什么还要大喊大叫呢?

> 因为其他同志在赶来开会的路上,听见他们的呼喊声,就可以马上转移,避免被擒。

被捕后,国民党连长罗静涛(缺嘴罗)认为黄秋富这个小姑娘是最佳突破口,便连夜亲自审讯。可是,审了一夜,黄秋富始终只说一句:"不知道。"缺嘴罗动用酷刑威胁道:"红军到底有多少?"黄秋富正气凛然地喊:"红军千千万!"

严刑拷打行不通,乡长林希甫开始利诱。他假惺惺地对黄秋富说:"只要你说出附近有多少共产党、黄来敬是什么人,就能恢复自由!你人长得漂亮,口齿又伶俐,只要改过,前途还远大呢!"黄秋富依旧沉默不语。

在饶平县的监狱里,黄秋富每天都倚在铁窗旁唱革命歌曲,歌声中充满了信心和力量。每当她唱起歌来,难友们就倚窗倾听,甚至跟着哼唱起来:"满山红旗满山飘,团结起来在今朝,参加红军闹革命,不杀白匪恨难消。"充满激情的歌声吓呆了凶恶的敌人。

被捕43天后,黄秋富与其他3名同志一起被强行押往凤凰圩刑场。在路上,黄秋富依然高唱革命歌曲,歌声引得赶集的人们不断聚拢过来。黄秋富等人一起高呼:"打倒国民党反动派！" "中国共产党万岁！" 可恨的枪声响起，黄秋富壮烈牺牲了，年仅16岁。

1957年，凤凰镇人民政府在凤凰圩文化广场后面的高地上建立了黄秋富烈士纪念碑。纪念碑现已被定为省、市、县爱国主义教育基地，它占地面积1350平方米，碑正面刻着"黄秋富烈士纪念碑"，两侧

黄秋富烈士纪念碑

面各刻着"壮烈牺牲可歌可泣" "英雄事迹世代相传"，背面刻着烈士的事迹。在苍柏的环绕下，在蓝天白云的映衬下，纪念碑庄严高大，令人肃然起敬。

探究活动

"满山红旗满山飘，团结起来在今朝"，同学们，秋富唱的这首革命歌曲你们听过吗？像这样的歌曲还有很多，不如学唱几首吧！

撰稿：汕头市龙湖区大悦小学　林珊娜　黄子容
插图：汕头市龙湖区大悦小学　常天君

【参考资料】| 中共潮州市委党史研究室编印：《潮州英烈传》，2011。

灰色书店暗联络，悠悠扬琴振人心

★ 红色名片 ★

人物：

王增辉

生卒年：

1923年—1948年

红色地点：

潮州市

红色基因：

热血爱国，琴声传志

烈士王增辉

抗战胜利初期，潮汕地区许多心怀报国的进步青年，通过书店购买、阅读革命书刊，汲取抗日爱国精神动力。于是，党以书店为阵地，联系、团结广大青年，投入到轰轰烈烈的抗日救亡和反抗国民党反动统治的斗争中去。华声书店便是其中之一。它的筹办者是怎样在反动派的虎视眈眈下办好书店的？牢房中为何会传出悠悠琴声？让我们一起来了解王增辉的故事！

王增辉，1923年9月生于潮州，自幼在父兄的影响下受到革命的熏陶。1937年七七事变之后，就读于韩山师范学校的王

增辉，毅然投身到抗日
救亡运动中去。第二
年，他加入中国共产
党，同时参加了潮安青
年抗敌同志会。

1945年9月，抗日
战争胜利后，中共潮汕
特委坚持隐蔽斗争，委

王增辉毅然投身于抗日救亡运动中
（常天君 供图）

派潮安县溪东区特派员王增辉（化名王道言），来到汕头从事
城市地下活动。党指示他和战友张旭华一起在市内筹办了华声
书店，一面发行进步书刊，一面开展秘密联络工作。筹办过程
中，从挑选地址、筹集经费，到确定店员，他都亲力亲为。书
店缺书，王增辉就向其他书店联系进货，并把进步书刊伪装起
来，还通过合法登记、利用国民党人士关系等手段，巧妙地给
书店蒙上了一层"灰色"。

老师，书店不应该是五颜六色才吸引人吗？为什
么增辉叔叔要给它蒙上一层'灰色'呢？

'灰色'书店是指出售的书籍没有政治倾向
特点、风格模糊的书店，是为了避免引起反动当
局的注意。

王增辉创办的华声书店，实际上是我党的地下联络站，为革命同志提供隐蔽和联系的地方；同时发售党的宣传刊物，使全国各地的进步书刊开始在青年间流传。然而，危险也随之到来。书店开张不久，斜对面便搬来了一家神秘的住户，透过门窗，总有一双凶狠的眼睛在时刻监视书店的一举一动⋯⋯面对潜伏的危险，王增辉镇定自若，和敌人斗智斗勇。

王增辉与战友在汕头市内筹办华声书店
（常天君 供图）

王增辉控诉反动派"十大罪状"
（常天君 供图）

随着书店业务的扩大，书店的影响力大增，也引起了汕头市国民党当局的注意和盘查，并被抓住了把柄。1948年4月的一天，王增辉被国民党反动特务盯住并不幸被捕。他和几位同志被关进国民党陈汉英部驻地的几间闲置的房间里。在那里，他受尽严刑拷打，但始终保守着党的机密。敌人命他写下"悔过书"。他抄起毛笔，洋洋洒洒写了好几页。反动头子陈汉英见状喜出望外："年轻人，愿意改邪归正就好嘛！"等王增辉扔下笔，陈汉英立马令秘书念出"悔过书"的内容。未等念完，陈汉英恼羞成怒，下令加重酷刑。原来，"悔过书"写的是反动派的"十大罪状"。

被折磨得奄奄一息的王增辉被敌人拖回关押处。原来，关押他的这间房子是营房闲置间，里面还存放着潮州弦乐器。过了好长时间，王增辉才醒了过来。他睁开眼，费力坐起，指了指墙角的几件乐器，对难友说："来！搬过来，你拉弦，我弹琴！"他举起还在滴血的双手，咬牙拿起琴篾，和难友合奏起潮州乐曲。

> 我没有学过扬琴，不知道琴篾是什么，老师，您能帮我介绍一下吗？

> 击弦竹片，俗称琴篾，指的是演奏扬琴时手握的击弦工具，通常是竹制品。就好比打鼓时需要用到的鼓槌。

琴声悠悠，闻者动容。王增辉遭受了非人的折磨，但是乐曲中却没有一丝悲伤。他心中对敌人的深深憎恨、对革命前景的憧憬、对和平生活的向往和对同志们寄予的厚望，通过琴声展示得淋漓尽致。

1948年4月18日，王增辉被国民党反动派秘密杀害在一个炭坑里，牺牲时年仅25岁。

资料卡

潮乐，有着"唐宋遗音""华夏正声"之称。它是中国民间音乐中的瑰宝。潮乐大致可分为锣鼓乐、弦诗乐、

扬琴

细乐、庙堂音乐、外江音乐等。潮乐分室内乐和广场乐，常用乐器有20余种。王增辉所演奏的扬琴属于室内乐器。

探究活动 同学们，你们一定被增辉叔叔在狱中强忍疼痛演奏扬琴展现的坚强乐观的精神所感动！不如找找用扬琴演奏的潮乐，感受其独特的音乐特色吧。

撰稿：汕头市龙湖区大悦小学　林珊娜　张晓
插图：汕头市龙湖区大悦小学　常天君

【参考资料】[1] 秦梓高：《华声书店的"赤色生意"》，《潮商》2011年第4期。
[2] 中共潮州市委党史研究室编印：《潮州英烈传》，2011。

革命母亲李梨英

> 老师，什么样的人会让所有人都称她为母亲呢？

> 那是一位极其坚强、心中装着大仁大义的伟大女性。她把一生都献给了革命事业。听完她的故事，你就能有所了解了。

★ 红色名片 ★

人物：

李梨英

生卒年：

1888年11月25日—1961年6月24日

红色基因：

为国献三子，为党献一生

革命母亲李梨英

20世纪30年代，国民党反动派疯狂地"围剿"我党创立的东江革命根据地，残害潮澄饶澳等各个苏区的革命力量，白色恐怖阴云笼罩着潮汕大地。当时，有一位伟大的女性，她虽未曾冲在前线战斗杀敌，却是所有战士心中最敬重的"母亲"。

在潮汕地区，有这样一位人物，只要提起她的名字，人们的脑海中就会浮现出一个坚毅不屈的革命战士形象，她就是伟大的革命母亲——李梨英。

李梨英故居（陈瑶 供图）

1888年11月25日，李梨英出生在潮安县秋溪区西坑村一个贫困的农民家庭。十几岁的她经历了亲人的相继离世，只得孤身来到大坑村，与朴实的农民林再发结为夫妻，过着困苦的生活。就在这时，共产党领导的土地革命运动，给她带来了希望的曙光。

1933年，革命的火种传遍了李梨英的家乡。同儿女们一样，她也走上了革命道路，成为大坑村秘密组织农会、妇女会的积极分子。三儿子林松才报名参加红军，李梨英毅然割舍母爱，第二天一早便将儿子送到红军营地，她成为大坑村第一个送子参军的母亲。

这一年，正是革命斗争处于艰难的时期，反动派不断派兵围攻东江各个边区县的革命根据地，残害进步人士。李梨英的女婿不幸遇害，女儿林松花被捕入狱，嗷嗷待哺的外孙在狱中悲惨死去；紧接着三儿子和大儿子也相继壮烈牺牲。失去至亲的噩耗，一次次无情地打击着这位痛苦的母亲。可是李梨英骨子里那份刚强正义，激发起她的昂扬斗志！她把刻骨的悲痛与仇恨化成无穷的力量，积极投身于轰轰烈烈的革命斗争中。

老师，接连失去至亲，该有多么痛苦啊！那李梨英奶奶的儿子们是怎么牺牲的呢？

是啊，失去至亲的痛苦，常人难以承受。李梨英奶奶的儿子们也都是坚强的革命战士，他们是当之无愧的人民英雄！来看看资料卡吧！

资料卡

林松泉，李梨英的长子，1931年参加秋溪区赤卫队，1933年在饶平县浮山病故。三儿子林松才，1932年参加红军，1933年在凤凰大水溪战斗中牺牲，生前担任红军三连班长。四儿子林松森，1931年参加革命，作为地下交通员，1940年在福州市被捕遇害。他们为革命事业献出了宝贵的生命，他们的光辉事迹值得我们铭记和赞颂！

1935年，反动派把屠刀挥向了秋溪区。为保存革命力量，潮澄饶澳苏区红军游击队奉命转移至福建乌山根据地。李梨英带上幼子，不远千里，翻越高山，跟随部队来到乌山，并在伤兵站展开救护伤员的工作。

李梨英故居（陈瑶 供图）

白天，她不顾艰险，赶往深山采药，亲自煎煮，照料伤员；夜里，她就守在洞口警惕地观察四周。寒冬腊月，她的手还泡在冰冷的山坑水里，为战士们浣洗血衣；在伤员们进入梦乡时，她会悄悄起来，仔细地为他们收拾第二天的行装。她更在敌人的屡次围攻下，一次次机警地组织队伍巧妙避开，走出困境。大家都亲切地唤她"母亲"。残酷的战争让她失去了自己的亲人，却换来了更多深爱她的"儿子"。

1961年6月24日，李梨英因病逝世。曾任中共潮安县委书记、时任全国侨联副主席的方方同志为她亲书挽联——"十年游击战，十年地下工，匪特、汉奸、日寇，哪在你眼里，堪称智勇；为党献一生，为国献三子，挫折、伤亡、失败，信心永不摇，无愧忠贞。"而这，正是这位伟大的革命母亲一生的真实写照。

探究活动　　同学们，读完李梨英奶奶的故事，你们一定敬佩不已！不如和爸爸妈妈一起去探访她的故居，寻找更多的红色印记吧！

李梨英故居（陈瑶 供图）

撰稿：汕头市龙湖区龙泰小学　黄若妮

【参考资料】| 陈立佳：《潮州革命母亲李梨英》，《潮州日报》2019年10月9日。

英雄之光，灿若星辰

> 日寇野蛮侵略，祖国危机四伏，而国民党反动派依然置民族危亡于不顾，向革命根据地发起进攻。这时，年轻的陈初明站了出来，誓死捍卫他深爱的家国！

★ 红色名片 ★

人物：

陈初明

生卒年：

1915年—1941年12月27日

红色基因：

他未能看见黎明，却点亮了夜空

烈士陈初明

20多岁的年纪，就像正午的太阳，蓬勃热烈，有着壮阔的前景。而革命先辈陈初明的青春，却永远定格在了26岁，但他依然用短暂的生命，诠释了"生的伟大，死的光荣"的人生价值。

"人固有一死，或重于泰山，或轻于鸿毛。"革命英雄陈初明一生短暂，但他的生命价值却比高山更加厚重。

陈初明，1915年出生于潮安县黄金塘村一个纯朴农家。1930年，他考入广东省立二师，在学校接受了革命思想的熏陶，由此投入到如火如荼的抗日救亡爱国学生运动中。

当时，国民党政府潮汕当局大肆镇压爱国学生运动，公开逮捕进步青年学生。18岁的陈初明在磷溪小学教书时，经常慷慨激昂地向学生们传递爱国思想，书写爱国标语，因此遭到国民党反动派的缉捕。国民党反动派的倒行逆施，使他进一步觉醒过来：中国之所以屡遭外侮，症结在于政府腐败无能；不推翻这个政府，中国就没有前途。他毅然同友人一起，千里迢迢奔赴北平寻求救国真理。在"读书会""反帝大同盟"等北平爱国学生运动中，都出现过他的身影。

由于北平形势急剧逆转，陈初明等人辗转至上海，参加共青团的外围组织。一天夜里，他和朋友三人带上大量印有抗日救亡标语的传单到闸北散发，突然迎面走来一队巡警，处境十分危急！这时，陈初明急中生智，当即大叫起来："阿凤！你好狠心啊！好久没请我看戏了！"马秀凤心领神会："别吵别吵！一定还债！"一旁的郑勉也凑起了热闹，你推我扯，上演了一出街头讨债的好戏！巡警以为他们

黄金塘中共地下组织联络点旧址
（陈瑶 供图）

是一伙无赖之徒，与他们擦肩而过，对他们散发传单的举动浑然不知。

1937年，陈初明调往普宁，任中共普宁县工委书记，组织成立了普宁"青年救亡同志会"，打开了普宁抗日民众运动新局面。1939年6月，潮汕沿海城镇相继沦陷，普宁危机四伏。为做好应战准备，陈初明带领全县"青年救亡同志会"成员，到大南山区发展党员，建立中共潮普惠揭中心县委；发动教师、学生帮助农民垦荒；组织募捐队，开展互济互贷运动，开辟了潮汕抗日后方。

> 小伙伴们，这个'青年救亡同志会'，是一个群众性的抗日救亡组织，对抗日救亡运动所作出的贡献可大着呢！一起来看看吧！

资料卡

1937年10月，普宁"青年救亡同志会"正式成立。成员们在民众间大力教唱《义勇军进行曲》等抗日歌曲；组织宣传队演出《放下你的鞭子》等街头剧；举办时事讲座、学术讲座，刷写抗战标语，绘制醒目的国难地图和抗战漫画等，揭露日寇侵华罪行，宣传我军战绩，激发群众的爱国热情。

普宁"青年救亡同志会"在抗战中所作出的贡献不可磨灭！

　　1940年4月，陈初明调福建任中共龙岩县委组织部部长。国民党反动派掀起了反共逆流，大肆搜捕共产党人。1941年1月23日晚，国民党福建省保安十一团包围了龙岩县委机关。为掩护同志突围，陈初明从正门冲出与敌人周旋，不幸被捕。押送途中，他昂首高唱《国际歌》，敌人慌忙用枪托狠狠击打他的后脑勺，妄图使他闭口。可这位视死如归的英雄又怎肯屈服？他越唱越激昂，悲壮的歌声响彻夜空！

　　1941年12月27日，宁死不屈的陈初明被敌人残忍地杀害了，牺牲时年仅26岁。陈初明的一生，光辉悲壮，可歌可泣，他的故事就如日月星辰，将永远在历史的长空里发光发亮，熠熠生辉！

探究活动　　　革命英雄永垂不朽！为了纪念烈士陈初明，人们在潮州西湖革命烈士纪念碑上刻上了他的英名。去那儿看看吧，为英雄献上一束花，让他的荣光指引我们前行！

撰稿：汕头市龙湖区龙泰小学　黄若妮　谢堓镛

【参考资料】　[1]《陈初明（革命烈士）——潮州市近现代人物专题》，网址：http://ren.bytravel.cn/history/10/chenchuming.html。
　　　　　　　[2]陈立佳：《大义凛然慷慨赴死的中共潮普惠揭中心县委书记陈初明》，《潮州日报》2019年11月6日。

一颗鲜红的流星——柯国泰

> 老师，为什么说这位英雄是一颗鲜红的流星呢？

> 流星划过夜空，短短一瞬，却光芒璀璨，恰如柯国泰的一生。相信看完这篇文章，你会找到答案的！

★ 红色名片 ★

人物：

柯国泰

生卒年：

1924年8月—1949年8月28日

红色基因：

心怀大义，视死如归

烈士柯国泰

　　潮州，是一片沐浴着红色文化的革命热土。在潮州人民的心中，始终埋藏着一段与这片土地息息相关的红色记忆，潮州人民也始终不会忘记那些从这里走出去的英雄，柯国泰便是其中的一位革命青年。

柯国泰，原名柯以圻，生于潮州城区刘察巷。1938年，日寇逐步南侵，潮州濒临沦陷。为了一家人的安全，柯以圻的父母决定举家迁往马来亚避难。然而，年仅14岁的柯以圻不顾亲人的百般劝说，决意留在潮州。同年，他加入中国共产党，成为一名信仰坚定的共产主义战士。

1942年，按照党组织的安排，柯以圻来到暨南大学读书。凭借他的聪明才智和卓越的领导组织能力，他很快成为学生运动的领袖。他创立"壁报联合会"，将倾向民主的进步同学团结起来，同国民党反动派开展反独裁斗争。他还以学生会主席的身份，公开领导暨大学生参加全国爱国学生运动和"反饥饿、反内战、反迫害"的斗争。也因此，国民党特务头子把他们视为"眼中钉"，采取极端野蛮的手段进行镇压，围捕、殴打进步学生。鉴于柯以圻受到国民党反动派的密切监视，1947年5月，党组织决定让他离开学校，转移到香港；9月，又被派往台湾彰化，开展地下革命工作。

同学们，柯国泰带领暨大学生会领导下的青年学生干了三件大事！一起来了解一下吧！

第一件大事：秘密接办《中国学生导报》上海版，报道大中学校学生要求民主、争取和平的斗争，鼓舞广大青年的斗志。

第二件大事：举办何炳松校长追悼大会，打击了以李寿庸校长为首的反动派的气焰。以"壁报联合会"及其他进步社团的名义，先后出版壁报专刊，营造"颂何抑李"的舆论氛围。

第三件大事：带领暨大同学率先起来抗暴。"沈崇事件"发生后，他联合暨大学生贴出了抗暴海报和在华美军暴行录，成立抗暴委员会，并组织全校总罢课。

1948年夏天，柯以圻悄悄返乡，上凤凰山参加游击队，秘密建立起新民主主义青年团组织，先后输送了以青年团员为主体的进步学生100多人上山参加革命，震动了全潮汕。游击队伍迅速壮大，国民党地方政府因此大为惊慌，一面增设关卡哨所，检查来往行人的"身份证"，派遣便衣密探查探领导学生运动的干部；一面加强监视，恫吓上山学生家长。

为了躲避敌人的搜捕，柯以圻托人做了一张新的"身份证"，上面的姓名为"柯国泰"，寓意"革命的目的是国泰民安"。从此，他便正式以这个名字参加革命。

1949年7月初，柯国泰在澄海程洋冈仙关渡口不幸被捕，并转押至潮安监狱。在狱中，不管敌人如何对他百般用刑、残酷折磨，他始终坚强不屈。无计可施的敌人又将他押回他家中，当着他母亲、弟弟、妹妹的面，把煤油、辣椒和水混在一起，灌入他口中，可他依然大义凛然，守口如瓶，坚决不泄露党的机密。8月28日，他被国民党反动军警强行押赴潮州城南较场。临刑前，他拒不下跪，奋力高呼"中国共产党万岁！"而后慷慨就义，年仅25岁。

柯国泰一生虽然短暂，但却轰轰烈烈，如同一颗鲜红的流星划过夜空，那璀璨的光芒，照亮了潮汕的夜空。

探究活动 同学们，革命英雄柯国泰用轰轰烈烈的一生书写了传奇，你们肯定还想知道他的更多往事，那么不妨到他的故居——刘察巷12号，去采访他的胞弟柯家辉爷爷，一定会有意想不到的收获！

柯国泰故居

撰稿：汕头市龙湖区龙泰小学 黄若妮 谢墁镛

【参考资料】 袁晓金、柯国泰：《为革命献身的青年志士》，《潮州日报》2016年7月15日。

护送周恩来等领导人脱险记

> 老师，是谁护送周恩来爷爷等领导人脱险的呢？

> 有一个人特别机智勇敢，让我们一起去看看那时候发生的故事吧。

★ 红色名片 ★

人物：

杨石魂

生卒年：

1902年9月—1929年5月

红色基因：

艰苦奋斗，坚强勇敢

烈士杨石魂

1919年五四运动的浪潮席卷潮汕地区，涌现了很多仁人志士。其中就有一位值得后人学习和纪念的革命先驱——杨石魂。他像一只矫健的雄鹰，翱翔在岐山榕水上空，为中国革命和党的事业作出了重大贡献。

揭阳普宁市东北部的南溪镇，位于榕城和普宁的交界处。在这个小镇的钟堂村里，有一位被誉为"翱翔在潮汕大地的矫健雄鹰"的共产党员，他就是杨石魂。

一 流沙会议，转移阵地

八一南昌起义军在汾水关与敌人激战后，由于敌众我寡，起义军撤出战场，向普宁流沙转移。1927年10月3日，周恩来带病在流沙教堂西侧厅主持召开了军事决策会议，研究起义军的善后事宜，史称"流沙会议"。与此同时，中共潮汕地方党组织也在研究护送中央领导同志撤离工作。

当天下午4时许，会议正在进行中，突然接到敌军前来截击的情报。周恩来宣布会议立即结束，命令起义军各领导干部率部队向海陆丰方向转移。敌人来势汹汹，周恩来当时正发高烧，他强忍着病痛的折磨，指挥起义军反击，无奈兵力悬殊，部队被打散。

在此危急时刻，中共汕头地委委派护送周恩来等领导同志的中共汕头市委书记杨石魂赶到了。周恩来等领导同志在杨石魂同志的护送下，抄水路，迅速撤往离流沙不远的一个小村子。

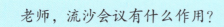
老师，流沙会议有什么作用？

> 流沙会议是南昌起义军领导人在紧急关头召开的一次重要会议。快看看下面的资料卡，了解一下流沙会议的情况吧。

资料卡

流沙会议决定按照中央指示，领导成员分散活动；军事人员迅速撤离，前往海陆丰，会合农军开展斗争。会议作出的正确决策，为我党保留了一批革命领导干部和部分武装力量，为以后中国的革命斗争创造了有利条件。

二 困难重重，不忘初心

晚上，杨石魂发现周恩来病情加重，便找来一副担架让农会会员抬着持续发烧的周恩来，按原来的计划向海陆丰转移。为了安全起见，杨石魂护送周恩来一行人转移到靠近海边的陆丰县南塘区金厢乡，住进中共南塘区委书记黄秀文家。

周恩来虽然患病，仍十分关心当地的革命斗争情况，对党团组织的发展情况也非常重视，他教导黄秀文要加强理论学习，要重视发展党组织，壮大党的力量，加强对农民武装斗争的领导。

三 一叶扁舟，艰难脱险

小船摇曳图（谢奕璇 供图）

1927年10月28日，在杨石魂和黄秀文的护送下，周恩来、叶挺、聂荣臻等同志启程前往香港。

小船顺风掠过奔腾的巨浪，向着漫无边际的大海漂去。杨石魂把生病发烧的周恩来同志安排在船舱里躺下，舱面也没多少地方，风浪又大，小船摇晃得厉害，站不稳，甚至也坐不稳。聂荣臻同志只好用绳子把身体拴到桅杆上，以免被晃到海里去。

这段行程相当艰难，他们在茫茫大海中颠簸了两天一夜，好不容易才到达香港。上岸时，杨石魂护送生病未愈的周恩来，找到设在香港的中共广东省委领导机关，完成了党交给的任务。

探究活动　　　　同学们，你们一定想亲自去这些故事的发生地看看吧？不妨把这些红色地点记下来，和爸爸妈妈有空去看一看，身临其境地感受革命先辈们走过的路！

撰稿：汕头市龙湖区西南小学 真思林
插图：汕头市龙湖区西南小学 谢奕璇

【参考资料】　[1] 广东普宁市地方志编委会：《普宁县志》，广东人民出版社，2019年11月。
[2] 中共党史人物研究会：《中共党史人物传》第14卷，中国人民大学出版社，2017。

"石司令"翁千

★ 红色名片 ★

人物： 翁千

生卒年： 1879年—1933年

生前身份： 大南山革命根据地红色石匠

红色基因： "点石成兵"，不畏艰险

在巍然挺立、绵延起伏的大南山上，"列宁主义万岁""拥护中国共产党"等革命标语分布在大南山各个重要隘口，纵横几十公里，全国罕见。这些标语的镌刻者就是"石司令"翁千。

一 走向革命

1879年，翁千出生在潮阳成田后坪村的一个贫困农民家庭。由于家贫读不起书，翁千从小就跟着父亲学习打石，长大后以打石为生，是大南山一带有名的石匠。

翁千跟着父亲学习打石
（谢奕璇 供图）

老师，大南山在哪里呀？

大南山位于广东省潮阳、普宁、惠来三县交界之处，是广东著名的革命老区，也是土地革命战争时期的革命根据地之一。

大革命时期，农民运动风起云涌。在彭湃领导的海陆丰农民运动的影响下，潮汕各地纷纷成立农民协会。1926年，翁千牵头联合全村的贫农，组织成立了农民协会。他依照农会会旗上的犁徽，在村里芙蓉山边的一块大石上刻下一张长2.1尺、高1.5尺的石犁，并在附近的一块石头上刻下"农民协会制造"等标语。这也是他走上革命道路的起点。

1930年夏天，白色恐怖笼罩全国，国民党反动派大肆捕杀革命群众。作为农会的带头人，翁千也成了国民党反动派捕杀的目标，但他毫不畏惧。当时已经51岁的他带领全家三代人，奔赴大南山革命根据地，继续革命。翁千家族中，先后有6名亲人为革命事业而牺牲。面对丧子、丧亲之痛，他坚定意志，勉励家人"要当赤派到底"。

二 点石成兵

1930年11月，潮普惠工农兵第一次代表大会在大南山大溪坝对面的顶狮埔召开。为了配合革命斗争，搞好党的宣传和文化教育，翁千应命到会场，并在顶狮埔的大石上刻下了"潮普惠工农兵第一次代表大会万岁""反对第二次世界大战""武装拥护苏联"等几幅标语，极大地鼓舞了红军和群众的士气。从此，翁千专职刻石，以石当纸，用他的铁锤、铁凿宣传革命。

> "
> 大南山的百姓还编起了歌谣称赞他，我们一起来读一读吧！
> 翁千高升石司令，刻苦耐劳心眼明。
> 千山万石任调遣，点石成兵闹革命。
> "

大南山沟壑纵横，山路崎岖。国民党多次派兵到大南山"围剿"红军。翁千冒着生命危险，风餐露宿，抢夺时机镌刻革命标语。国民党反动派对他恨之入骨，时常派出暗探打手伺机谋害。有一次，翁千在芦鳗坑搭架镌刻革命标语，全文是"苏维埃欢迎白军士兵拖枪到红军来"，分成两行。刚刻好7个字，伪装成农民的敌人突然出现。机智的翁千赶忙纵身跳入水中。气急败坏的敌人只能开枪猛打，水面泛起血花。第二天，敌人大摇大摆来到这里，准备收尸领取赏银，没想到浮上水面的却只是一条芦鳗。如今，那块大石上还留着"苏维埃欢""兵拖枪"的字样。这条未完成的标语，也成了革命历史的见证。

1932年，国民党军队对大南山革命根据地进行疯狂"围剿"，大南山环境急剧恶化。翁千镌刻革命标语的同时，还昼伏夜出，配合交通员冒险送情报给红军部队。短短几年间，他在大南山上刻下了大量的石刻标语，现保留下来的有36块大石上雕刻下的革命标语57条、467字。因积劳成疾，翁千于1933年夏天在家中病逝。

1935年5月，大南山革命根据地在敌人的重兵"围剿"下丧失，国民党反动派千方百计企图破坏这些石刻革命标语。为了保护标语，人们有的在石刻标语上埋上石块泥土，种上草和树木；有的在旁边种上藤蔓杂草将其掩盖；有的则全村群众一齐出动，挑土担石填埋标语。直到今天，大南山的革命标语和翁千为革命刻石的精神仍然屹立在天地之间，为后人留下了一笔宝贵的精神财富。

大南山石刻革命标语（郑楚藩 供图）

探究活动　　　同学们，点石成兵的"石司令"翁千一定给你留下了深刻的印象吧！请你将他的故事讲给家长听。有机会的话，不妨与家长一同参观大南山革命遗址，汲取红色力量！

撰稿：汕头市龙湖区西南小学　杜艺康
插图：汕头市龙湖区西南小学　谢奕璇
　　　揭阳新闻网　郑楚藩

【参考资料】｜[1] 郑会侠：《大南山革命石刻标语》，《广东党史》1996年第3期。
　　　　　　　[2] 蔡僖婕：《千山万石任调遣　点石成兵闹革命》，《汕头日报》2021年6月7日，第8版。

来揭传播共产主义第一人——杨嗣震

★ 红色名片 ★

人物:

杨嗣震

生卒年:

1895年3月—1927年9月

红色基因:

传播革命火种，坚贞不屈

烈士杨嗣震

　　在揭阳市榕城区思贤中学东侧，有一幢不起眼的两层小楼，这幢有着近百年历史的小楼是揭阳县商民协会的旧址，见证了揭阳的革命历史。大力支持成立揭阳县商民协会的领导人是谁呢？他就是第一位来揭阳开展革命活动的共产党员——杨嗣震。

初到揭阳　传播火种

　　1924年初，受留日学友王鼎新的邀请，出生于湖北省黄梅县的杨嗣震到揭阳县榕江中学任教，担任英语部主任，负责主编校刊《榕声》。此时的榕江中学校内左右派斗争激烈。杨嗣震亲自撰稿，介绍俄国十月革命，宣传马克思主义学说，支持学生组织新学生社，指导他们开展学习和活动。不少学生在他的熏陶下，走上了革命道路。

杨嗣震撰写《榕声》稿件（谢奕璇 供图）

 拓展阅读

著名经济学家许涤新曾在榕江中学就读，他回忆道：我是从杨嗣震老师那里第一次听到马克思的名字、看到他的肖像的。从那时起，我开始阅读英文版《世界史》和《劳动政府与中国》等革命书籍。我的思想是在这一时期发生转变的，由原信仰三民主义转为信仰社会主义。

老师，杨嗣震先生是来揭传播共产主义第一人，那他是什么时候加入共产党的呀？

 问得好！读读下面的资料卡，相信聪明的你一定能找到答案。

 资料卡

杨嗣震在日本早稻田大学留学的时候，和彭湃等留日同学受到俄国十月革命的影响，组织了进步团体"赤心社"，学习《共产党宣言》。1921年，杨嗣震由东京共产主义小组负责人施存统介绍加入中国共产党。第二年回国后，杨嗣震在海丰县从事教育工作，同时协助彭湃开展农民运动。

为了更好地开展革命活动，杨嗣震积极支持揭阳进步青年组织的"新学生社"，指导他们开展活动。揭阳县城店员工会决定在店员和手工业者中发起成立"商界职员会"。1924年春，揭阳县商界职员会发起成立，杨嗣震积极支持。不久会员就发展到300余人，并改称"商民协会"，会员们集资购买了县衙考院（位于今思贤中学东侧）前的一块地皮，建成一幢两层楼房作为会址。商民协会是揭阳县第一个革命群众组织，会员后来大多被吸收为共产党员、共青团员，为党的发展贡献了力量。

二 声讨军阀 被迫离揭

这一年冬天，岭东新学生社发表了声讨统治潮汕的军阀洪兆麟的《宣言》，杨嗣震授意学生陈克将《宣言》登在校刊《榕声》上。这下可惹了大麻烦，反动当局立即出动军警，到榕江中学查抄。幸好，杨嗣震提前听到风声，师生两人在进步学生的掩护下逃脱，被迫离开了揭阳。这就是轰动一时的"榕声事件"。

三 再返揭阳 引荐代表

1925年，广州国民革命军讨伐陈炯明的第一次东征战役打响。3月上旬，广东革命军挺进潮汕时，黄埔军校政治部主任周恩来入住揭阳学宫。陪同周恩来一同来到揭阳的，正是当时就任政治部科员的杨嗣震。杨嗣震一回到揭阳县城，就联系了一批进步学生和商民协会成员。他引荐榕江中学新学生社代表江明衿和商民协会骨干人员到学宫拜会周恩来。当周恩来得知揭阳县有组织的左派力量已近千人时，他非常高兴。而这成绩的取得，与杨嗣震在这里开展的工作是分不开的。周恩来还鼓励大家，要着手建立团组织和党的组织，唤醒工人、农民，开展国民革命运动。

四 不幸被捕 英勇就义

北伐战争期间，杨嗣震调任第三十军政治主任兼秘书，后调回武汉，担任总政治部秘书。南昌起义爆发后，他受党组织派遣，秘密奔赴潮汕，发动群众做好策

杨嗣震被捕入狱（谢奕璇 供图）

应工作。在潮州时，他被工贼告密，不幸被捕入狱。敌人软硬兼施，企图从杨嗣震口中得到共产党内部秘密，但杨嗣震这位坚定的共产党员，表现出铁骨铮铮，坚贞不屈，最终被敌人残忍杀害于潮州的西湖边。

杨嗣震践行了他留学时在家书中写下的诗句："埋骨岂为他乡地？人间到处是青山。" 如今，壮志得酬，精神永存！

探究活动 同学们，杨嗣震是第一位到揭阳开展革命活动的共产党员，对马克思主义在潮汕地区的传播作出了巨大贡献。学习他的故事，你有什么话想对他说呢？试着写一写吧！

撰稿：汕头市龙湖区西南小学　杜艺康
插图：汕头市龙湖区西南小学　谢奕璇

【参考资料】 [1] 中共党史人物研究会：《中共党史人物传》第34卷，中国人民大学出版社，2017。
[2] 蔡逸龙：《揭阳县商民协会：一幢小楼房，见证一段革命峥嵘岁月》，《揭阳日报》2020年10月13日，第6版。

从战火中走出来的红色方家四姐妹

★ 红色名片 ★

人物：

红色方家四姐妹——方东平、方朗、方文、方小兰

年代：

二十世纪二三十年代

红色基因：

冲破社会牢笼，共赴国难

方家四姐妹合影

"老师，在课本中，我们学过女英雄赵一曼的故事，我们潮汕地区在抗战时期也有这样英勇无畏的女英雄吗？

当然有，今天我们就来听听来自惠来县的红色方家四姐妹的革命故事。

一百年前，旧中国炮火连天，惠来县的方家，在革命战争年代的战火中走出革命四姐妹——方东平、方朗、方文、方小

兰。她们在革命洗礼中先后加入中国共产党，成为潮汕地区的巾帼英雄，被誉为"红色方家四姐妹"。

一 方家大女儿方东平：四姐妹的"领头雁"

1919年5月，方家的大女儿方东平出生了。15岁那年，她到汕头市友联中学读初中。在校三年，她积极参加进步青年读书会，接受革命启蒙教育。1936年，她在汕头参加了"华南抗日义勇军"。1937年2月，经李碧山介绍，方东平加入了中国共产党，从此投身中国共产党领导下的革命武装斗争。

大姐方东平投身革命
（谢金燕 供图）

二 方家二女儿方朗：中共七大的"候补小代表"

方家的二女儿方朗1923年1月出生。方朗12岁那年，由于家境窘迫，她父母便安排她到纺纱厂当女工。女童工的工资很低，还被工头处处刁难。这段人生经历，在方朗幼小的心灵里烙下深刻的记忆。方朗看到了现实社会的黑暗，产生了改变不平等社会的强烈愿望。她以大姐方东平为榜样，走上了革命道路，并成长为革命队伍中的一颗小明星。1937年2月，方朗加入中国共产党。1939年10月，任中共潮澄饶中心县委妇委书记。

1945年4月，方朗作为候补代表参加中共七大，年仅22岁，在与会代表中年龄最小。

三 方家三女儿方文：方方身边的"小机要"

方朗出生后的第三个年头——1925年5月，方家三女儿出生了，她叫方文。方文懂事时，她知道大姐、二姐都参加了革命。12岁那年，她加入潮汕地区很有影响力的抗日剧团——惠来银河剧团，排演爱国剧目，在潮汕多地开展抗日救国宣传活动。1938年5月，方文加入中国共产党；1941年，调到中共南方工作委员会机要科，以机要员作为隐蔽身份，担任中共南方工作委员会书记方方身边的"小机要"，参与了组建电台等机密工作。

四 方家小女儿方小兰：大南山上的战士

方小兰是方家的小女儿，1931年9月出生于汕头市。抗战爆发后，方家从汕头搬回惠来居住。方小兰在惠来第一小学读书。她看到三姐方文到处演剧，宣传抗日，她也跟随并扮演童角。

方小兰表达参加游击队的愿望
（谢金燕 供图）

方小兰在姐姐们的影响下，也走上了革命道路。1939年6月，她随母亲到普宁县流沙，住在大姐方东平家。她配合大姐方东平把她们的家隐蔽为中共潮普惠中心县委的驻地。8岁的小兰懂事机敏，勇敢地当起了"小交通员"，为县委传递信息。

1943年秋，方小兰考入惠来中学，受中共领导的抗日救亡运动的熏陶，她渴望像三个姐姐一样参加革命。同年，年仅12岁的方小兰跟随亲戚从惠来步行到淡水，整整走了6天，找到当时正在东江纵队参加武装斗争的王强，向他表达参加游击队的愿望，但因年龄太小而被拒。次年，方小兰再次投奔东江纵队，但因叛徒告密，只好返回惠来。

资料卡

东江纵队是抗日战争时期中国共产党在广东省东江地区领导创建的一支抗日游击队，是开辟华南敌后战场和坚持华南抗战的人民抗日游击队主力部队之一。

东江纵队在抗日战争中进行大小战斗1400余次，歼灭日、伪军9000余人，牺牲了2500余名指战员，建立了总面积约1.5万平方千米、人口约450万的抗日根据地和游击区。

"老师，年仅12岁的小兰为了参加游击队，竟然徒步走了6天，她真是勇敢啊！"

"是啊，你能想象她这一路上都遇到哪些困难吗？她的心里会产生哪些想法呢？一起来说一说！"

1945年秋，方小兰重回惠来中学读书。次年6月，由陈君霸介绍加入中国共产党。不久，任中共惠来中学党支部委员，分管宣传、妇女工作。解放战争时期，中共惠来中学党支部积极开展工作，团结学生，吸收先进分子加入中共地下组织，并为根据地购买补给品，发动党员和进步学生上山加入游击队参加革命。方小兰作为党支部的成员之一，也积极参与其中。

1948年6月，方小兰来到大南山。120人的游击队，仅她一名女战士，身上背着一条米袋、一支驳壳枪、一个背囊，17岁的她在大南山上留下一个英勇女战士的身影！

中华人民共和国成立后，为中国人民解放事业不懈奋斗的方家四姐妹并没有停下脚步，她们不约而同地投入到社会主义革命和建设事业中，用她们的一生，谱写壮丽的红色诗篇。

探究活动　　同学们，你们一定被红色方家四姐妹克服艰难险阻积极参加革命的事迹所感动！关于方家大女儿方东平、方家二女儿方朗、方家三女儿方文和方家四女儿方小兰的革命故事还有很多细节，和爸爸妈妈一起查找资料继续了解吧！

改编：汕头市龙湖区金晖小学　黄琼
插图：汕头市龙湖区金晖小学　谢金燕

【参考资料】　[1] 王国梁、罗素敏：《从战火中走出来的方家四姐妹——访上海教育学院原党委书记方小兰》，《红广角》2013年第11期，第19~26页。
[2] 《中国大百科全书·军事》编辑委员会：《中国大百科全书·军事》，中国大百科全书出版社，2007。

巾帼不让须眉——许玉磬

> 老师，听爷爷奶奶说，在揭阳这个地方，涌现了好多可歌可泣的革命故事。

> 揭阳是富有爱国主义光荣革命传统的城市，一代代英烈抛头颅、洒热血，为揭阳的解放事业，为新中国的建立，献出了宝贵的生命。

★ 红色名片 ★

人物：

许玉磬

生卒年：

1908年—1932年

红色基因：

舍生忘死，坚韧不拔

彭湃、许玉磬夫妇合影

　　在腥风血雨、艰难曲折的革命年代，巾帼英雄许玉磬做出了哪些壮举呢？让我们来了解一下吧。

　　许玉磬是"农民运动大王"、中国第一个农村苏维埃政权创立者彭湃的革命伴侣。她巾帼不让须眉，为革命事业付出了一切。

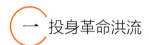

一　投身革命洪流

　　1908年，许玉磬出生于揭阳新河村一个贫苦农家。由于家境困难，无法养活她，家人忍痛把她卖给揭阳城里一商家当养女。幸运的是，她的养父非常注重对她的教育，让她从小就接受良好的新式教育。1926年春，许玉磬在革命的血雨腥风中迅速成长为一名中国共产党党员，并被派回揭阳担任妇女解放协会主席。是年夏秋间，许玉磬调往中共汕头地委工作，并与彭湃建立了深厚的感情。1926年冬，与彭湃结为革命伴侣。1927年4月，在白色恐怖的笼罩下，党派她到香港开展革命工作。许玉磬化名刘碧清，在香港积极从事革命活动。11月中旬，彭湃在海陆丰发动农民起义，建立海陆丰工农兵苏维埃政权。许玉磬从香港回到海丰，她激情满怀地歌颂红色政权，并与彭湃等人一起领导农民军与当地反动政权进行斗争。但由于敌人的重重"围剿"，1928年3月，海陆丰苏维埃后方基地中峒被敌人占领，中共东江特委决定把特委机关转移到潮普惠边的大南山，开辟革命根据地。

二 痛失爱人，继承遗志

许玉磬跟随彭湃前往大南山，他们在山上搭棚为房，以山洞为舍，以野菜充饥，转战于惠来、普宁、潮阳三县交界的大南山革命根据地。在攻打惠来县城时，许玉磬剪着短发，身着对襟衫，腰间挂着驳壳枪，威武地出现在攻城队伍里。许玉磬才华横溢，她能自编自唱许多山区人民喜爱的潮州歌谣， 激励妇女参加革命，也常化装到普宁土坑、什石洋村一带乡村发动青壮年参加革命。

许玉磬号召妇女参加革命
（吴淑玲 供图）

1928年11月，许玉磬跟随彭湃离开大南山，前往上海党中央工作。

在大南山和上海工作期间，许玉磬先后生下一个女婴（取名彭美美）和一个男婴（取名彭小湃）。但两个婴儿都寄养在农民家中，后来不知下落。

1929年8月，彭湃在上海不幸被捕，后被敌人杀害。那时，组织决定安排许玉磬到莫斯科留学，但许玉磬发誓继承彭湃的精神和遗志，决意重返大南山继续参加革命斗争。

1931年春，许玉磬当选为中共东江特委委员，负责开展东江25个县的妇女工作。在大南山，她举办了干部培训班，动员姑娘们参加红军；到红军医院，她做护理工作，还为红军赶制棉衣、编织草鞋……

在她的领导下，整个东江地区的妇女工作做得有声有色，有力地支援了红军作战，推动了革命根据地的建设。

三 不幸被捕，壮烈牺牲

1932年春节前夕，由于叛徒告密，许玉磬带领的东江革命小分队在普宁大坝杜香寮村被敌人重重包围。危急关头，许玉磬一边沉着指挥队伍突围，一边组织群众撤退。乡亲们安全地撤离了，而弹尽力竭的许玉磬却不幸被捕。

在普宁县监狱里，许玉磬面对敌人的严刑拷打和威逼利诱，绝口不泄露党和部队的机密。敌人一无

许玉磬在狱中遭到敌人的严刑拷打（施晓铿 供图）

所获，最后将许玉磬押往汕头，将其杀害。许玉磬牺牲时年仅24岁。

许玉磬虽然牺牲了，但她以青春和鲜血，谱写了一曲壮丽的颂歌；她的光辉形象，将永远铭刻在潮汕人民的心中！

> "
> 许玉磬面对敌人的严刑拷打，斩钉截铁地说：'我生为红军人，死为红军鬼，决不贪生受辱！'
> "

资料卡

1958年，揭阳县人民政府为纪念许玉磬等革命烈士，在榕江公园建立了革命烈士纪念碑，让世人铭记这些伟

揭阳榕江公园革命烈士纪念碑

大的英雄。揭阳革命烈士纪念碑由花岗岩筑成，结构严谨，庄严肃穆，连座高10米，基座宽14米，碑身呈正方形，顶端为五角星。正面刻有"革命烈士纪念碑"的金色大字，碑座四面雕刻和平鸽、麦穗和彩云图案。

探究活动

同学们，你们一定被许玉磬阿姨坚韧不拔、舍生忘死的革命精神所感动！不妨和爸爸妈妈一起找找更多革命女先烈的故事，并谈谈你的收获和启发吧！

改编：汕头市龙湖区金晖小学 张杨
插图：汕头市龙湖区金晖小学 吴淑玲
　　　汕头市龙湖区辛厝寮小学 施晓铿

【参考资料】 [1]《彭湃夫人、女英烈许玉磬》，来源：广东老区网http://www.gdlqw.com/hxwh/nyyl/content/post_553204.html。
[2]《许玉磬：舍生忘死为革命 勇献青春流碧血》，来源：https://m.thepaper.cn/baijiahao_13262777。
[3]何锦洲、刘青山、孙锐卿：《许玉磬》，汕头市党史办编《潮汕英烈传（第一辑）》，1985年1月。

中共惠来地方党组织第一人

★ 红色名片 ★

人物：

方汝楫

生卒年：

1899年—1929年

红色基因：

舍身忘己，革命到底

烈士方汝楫

在革命的惊涛骇浪中，方汝楫叔叔敢为人先，不仅将进步思想的种子播撒在生于斯长于斯的家乡土地上，还领导当地进步人士进行革命。这位勇敢善战的东江党组织领导人，可敬可佩。我们一起来学习他的事迹吧！

一 舍身忘己，投身革命

方汝楫是惠来县惠城镇楼脚社人，幼年丧父，母亲因病长期卧床，家里靠祖母摆摊做小买卖维持生计。在三餐难继的艰苦生活中，他读完了小学。因家境困难无法上中学，他就找书本自学，读完了初中课程。18岁那年，他受聘到神泉镇教小学。20岁时，他又到广州学习国语注音字母，受到新文化、新思想的影响。6年后，他与进步青年发起组织以推广新文化、促进社会进步为宗旨的"惠来青年社"，而后创办刊物《小铁锤》。

"五卅"惨案发生后，方汝楫发动惠来青年学生进行反帝示威大游行，反动当局对他恨之入骨，随后借机抓捕方汝楫。后来经汕头和各县进步人士多方营救，方汝楫才获得释放。出狱后，

方汝楫发动惠来青年学生进行反帝示威大游行（谢金燕 供图）

方汝楫义无反顾地投身革命运动。1925年12月，方汝楫在汕头加入共产主义青年团，并在惠来县建立了团支部。1926年4月，方汝楫任惠来县团支部书记，不久转为中共党员，领导惠来县的工人、农民运动。

> 老师，我认为惠来县开始出现中共党员，是这个地方的一个进步。

> 说得真好。进步人士不断传播新思想、新文化，这个社会才能进步。

二 临危受命，周密开展工作

方汝楫乔装打扮成黄包车夫开展党的地下工作（施晓铿 供图）

1927年春天，方汝楫调任中共揭阳县委书记。四一二反革命政变爆发后，中共揭阳县委书记方汝楫清醒地分析敌情，组织农民武装，反击国民党军队的进攻。1927年12月，中共广东省委任命方汝楫担任中共东江特委特派员兼中共潮安县委书记，领导潮安的革命工作。1928年2月，中共汕头市委等六个机关遭到敌人破坏，市委负责同志多人被逮捕并遭杀害。在此危急时刻，方汝楫临危受命，担任中共汕头市委常务委员，负责恢复党组织的工作。在白色恐怖中，方汝楫想尽一切办法正常开展党的工作。在城里，他时而乔装打扮成黄包车夫，时而化装为码头工人。要进入山区时，他则装扮为风水先生。就这样，他在敌人的刀光剑影中隐蔽了下来，开展革命斗争。1928年12月，东江特委在八乡山召开中共东江特委临时会议。会后，方汝楫受命秘密返回大南山，负责联系潮普惠三县党组织。在他的领导下，三县的党组织得到迅速恢复和发展。1929年4月，方汝楫在东江特委第十一次会议上当选为特委副书记。

资料卡

文光塔位于广东省汕头市潮阳区中华路东侧，置千尊佛像于塔内，故又称"千佛塔"，始建于宋绍兴元年（1131）。文光塔系平廊楼阁式砖石结构，高42.62米，内空心，有八面七层，每层有拱门、圆窗、石栏杆，塔

潮阳区文光塔

内有螺旋石梯122级，塔门配雄狮1对，塔顶置红葫芦。文光塔集宋、明、清古塔建筑艺术于一身，对研究中国古塔建设的形制变迁和修建经验有较高的历史文化价值。文光塔融儒、释、道三教文化为一体，是中国古塔建筑文化的特例之一，也是潮阳的历史文化标志性建筑。

三 营救失败，壮烈牺牲

1929年5月，中共东江特委讨论了省委指示信精神，并拟定了改进策略。会后，东江特委派方汝楫带报告前往中共广东省委汇报工作。6月1日，方汝楫与中共东江特委秘书处秘书方其颐途经潮阳县和平乡时遭到突袭，不幸被捕，被关押在潮阳县监狱。6月6日晚，中共潮阳县委组织武装50多人，协同各区农民武装共160多人，发动劫狱，但最终营救失败。

当晚，做贼心虚的国民党反动派把方汝楫和方其颐装进布袋，趁夜色抬至潮阳文光塔下广场，秘密杀害。牺牲时，方汝楫年仅30岁！

方汝楫同志的牺牲，是东江地区党和人民的巨大损失。1929年6月12日，中共东江特委在向上级报告汝楫、其颐两位同志被杀害经过时称："呜呼！痛哉！方汝楫同志的死，是我东江革命莫大的损失！是革命失去了一个勇敢善战的领导者！呜呼！痛哉！"惨切的词语，蕴含着党和人民对这位为革命献身的领导者的崇敬与痛惜。方汝楫同志永存不朽！

探究活动　　同学们，通过学习潮汕革命先烈的故事，你肯定收获颇多。你能把故事完整地讲给周边的小朋友听吗？并请你谈谈如何继承先烈遗志，做一名优秀的共产主义接班人。

撰写：汕头市龙湖区金晖小学　张杨

插图：汕头市龙湖区金晖小学　谢金燕

　　　汕头市龙湖区辛厝寮小学　施晓铿

【参考资料】林楚明、叶宏桂：《方汝楫烈士：变卖祖业，革命到底！》，和畅惠来官方网易号https://www.163.com/dy/article/EBPG3E8I0514HAJ4.html。